改訂版　リズムに強くなる

ソルフェージュ①

●リズム練習●視唱練習●模倣練習●書き取り

鈴木憲夫著

ハンナ

まえがき

　音楽教育において、リズムの勉強の重要さをいまさら申し上げるまでもありませんが、リズムとはまさに音楽の生命です。
　この本ではリズムに対する理解力・応用力を修得することを目的としています。それはあらゆる音楽に通じる基本です。
　音楽的に高度な作品を演奏するには、それに応じて技術的な修練も伴います。しかし、リズムの勉強では演奏とは違い、初期の段階においてもかなり高度なリズムの修得が可能です。そしてそのことにより読譜力の向上はもとより、音楽の勉強をさらにスムーズにすることは明らかです。
　この本ではまず基本的なリズムの修得をはじめ、次のような応用練習も加えました。
　　＊自分でリズムを作り、さらに作曲できるように。（－創造性・応用力－）
　　＊暗譜を通して集中力、読譜力の向上。
　　＊模倣を通してまず聴くこと、そしてそれを表現すること。
　　＊リズム聴音の予備的練習。
　　＊視唱リズムのように、旋律を歌いながらリズムを打つリズムの応用練習。
　………………いずれもリズムの勉強を中心とした応用練習です。
　この本ではなるべく機械的なリズムの扱いは避け、楽しく、そして音楽的であるように心がけました。
　この本をお使いになる方々のそれぞれのご工夫によって、さらにこの本が活かされたものとなるように祈っております。

　なお、このような本の形に整うまでに、私家製のコピーにてこれまで多くの方々からの励ましやご意見を頂き、この本を上梓するうえで大変参考にさせて頂いたことを感謝しお礼申し上げます。また末記ながら出版に際してご理解を頂いた東京音楽社の内藤克洋社長はじめ、水野悟さん、宮元美子さん、編集の労を煩わせた白鳥民子さんにお礼を申し上げます。

　　　　　　　　　　　　　　1988年3月　　　　鈴木憲夫

この本の使い方

☆リズム練習と視唱リズムについて
このリズム練習と視唱リズムは並行して行って下さい。但し、導入時はいくぶんリズム練習が進んだ段階で、視唱リズムに入るようにして下さい。

☆リズム練習については ♩ ♫ ♩ (タン タタ ター) と声を出して歌って下さい。そして必ず一拍一拍の拍感を感じながら、拍子をとり練習するようにして下さい。

たとえば 3/4 なら ♩ ♩ ♩ と手を打つか、また 1△3／2、4/4 なら 2△1 4／3 と拍子を振りながら練習するのもよいでしょう。

2/4 は ↓1 ↑2 また 1∪2、6/8 も ∪456／123

その他にも手を叩くか、また机を叩くか、さらには楽器を用いて練習するなど様々な方法が考えられますが、ここでは課題を修得することを目的としていますので、その方法はそれぞれ良いと思われる方法で行って下さい。

☆複リズムについて

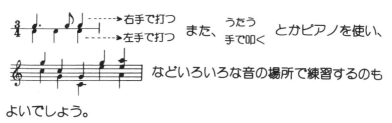

などいろいろな音の場所で練習するのもよいでしょう。

☆視唱リズムについて

→ うたう
→ 手で叩く

はじめは歌の部分だけを練習し、そして下のリズムを一緒に打てるようにしましょう。

※リズム練習、視唱リズムともテンポは大体♩＝60くらいで、途中止まらないように何度も繰返し練習しましょう。

目　次

【リズムの練習】

A1〔♩, 𝄽〕······················· 3
A2〔♩, ━ (𝄽 + 𝄽)〕··········· 3
A3〔♩.〕···························· 4
A4〔𝅝, ━〕························· 5
A5〔タイ, (♩ ♩)〕················ 5
総合練習 A1〜A5 ··············· 7
B1〔♫〕···························· 9
B2〔𝄿, ♪〕························ 11
総合練習 B1〜B2 ··············· 15
B3〔♩. ♪ (♩ ♫)〕················ 15
B4〔♪♩ ♪, (♫♫), 𝄿♩♪〕····· 17
B5〔6/8, 3/8〕···················· 19
B6〔アウフタクト（弱起）〕··· 22
B7〔3連符〕······················· 23
総合練習 B1〜B7 ··············· 24
C1〔♬〕···························· 27
C2〔𝄿, (𝄾♬)〕···················· 28
C3〔♫(𝄾♬), ♫(♬)〕············ 29

C4〔𝄿 ♬〕························· 31
C5〔♩.♫ (♩.♬)〕················· 32
C6〔𝄿.(𝄿 ♪) (𝄾.♪)〕············ 33
総合練習 C1〜C6 ··············· 34

【視唱リズム】

〔♩, ♩, 𝄽〕······················· 37
〔♫〕······························ 41
〔𝄿, ♪〕··························· 43
〔♩. ♪〕··························· 45
〔♪ ♩ ♪〕························· 46
総合練習 ······················· 48
〔6/8, 3/8〕······················ 49
〔3連符〕························· 52
総合練習 ······················· 53
〔♬♬〕···························· 56
〔♫♬, ♬♫, 𝄿♬〕················ 58
〔𝄿〕······························ 60
〔♩.♫〕··························· 60

リズム練習

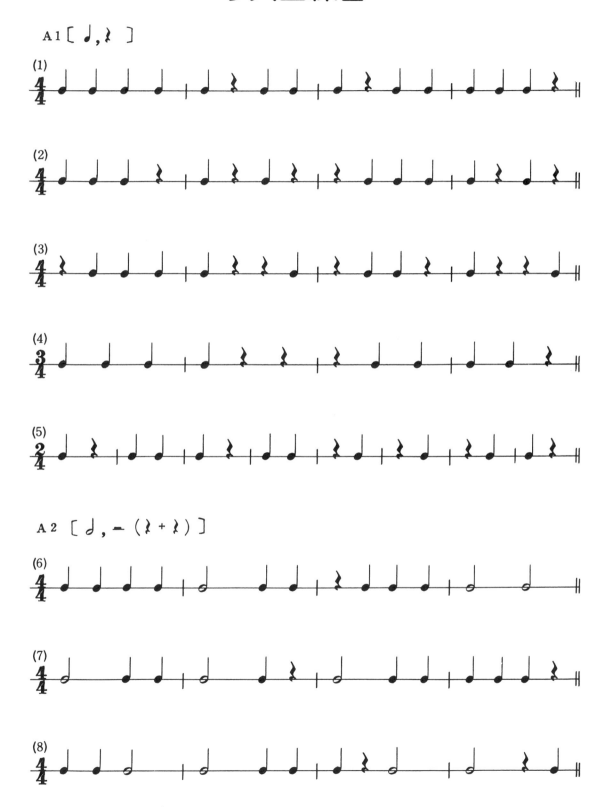

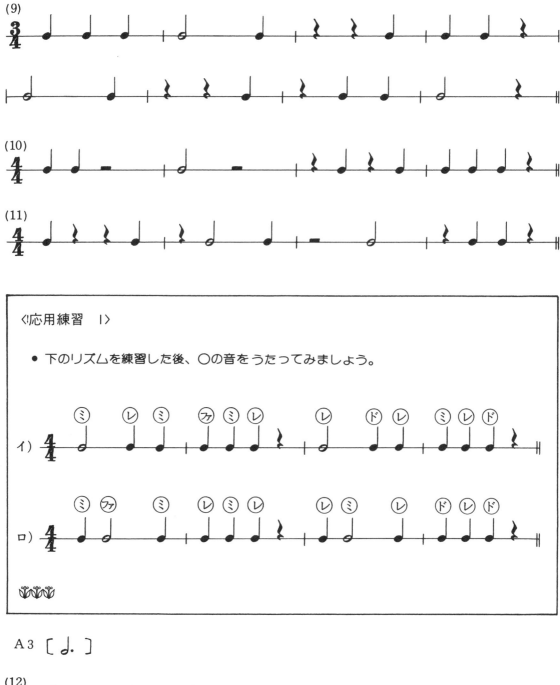

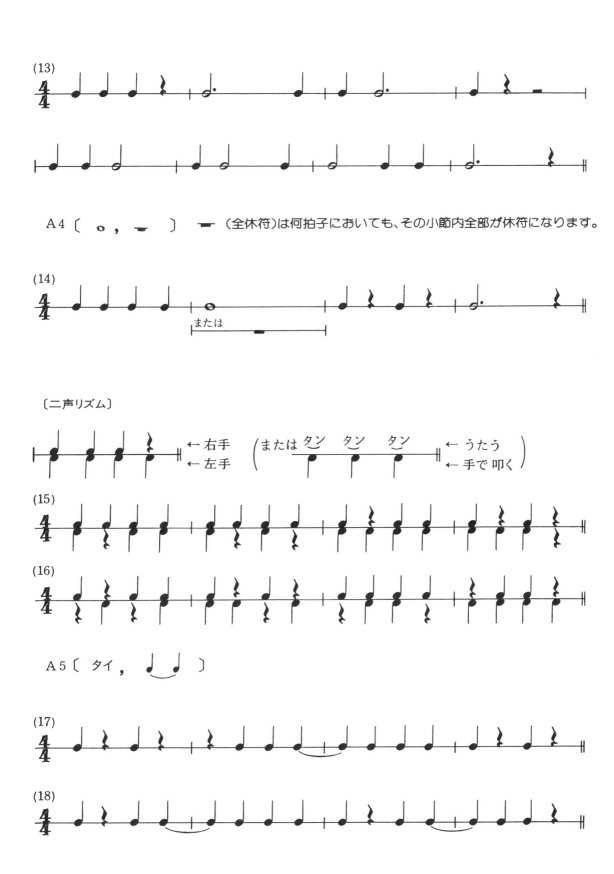

(19)

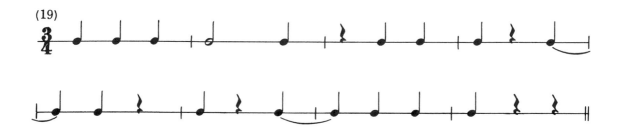

<応用練習 2>

- 下のリズムを練習した後、〇の音をうたってみましょう。

イ)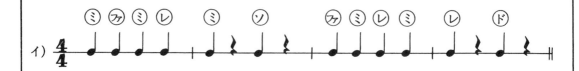

- 〇の中にすきな音を入れてうたってみましょう。

　　(ハ長調で)曲らしくするために、ド、ミ、ソから始まり、そして最後はドで終わるように。
　　(生徒のレベルに応じてドーミ、またドーソというように音の範囲を決めて書かせてみて下さい。)

ロ)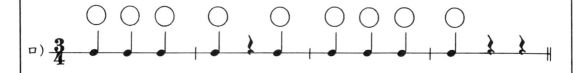

ハ)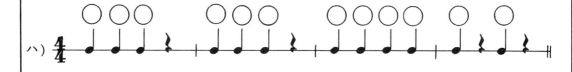

※ リズムに音を加える。……リズム課題でも同じような方法で、なるべくたくさん歌わせてみて下さい。

―即興性・作曲―

総合練習

A1 〜 A5 〔 ♩, 𝄽, ♩, ♩., タイ 〕

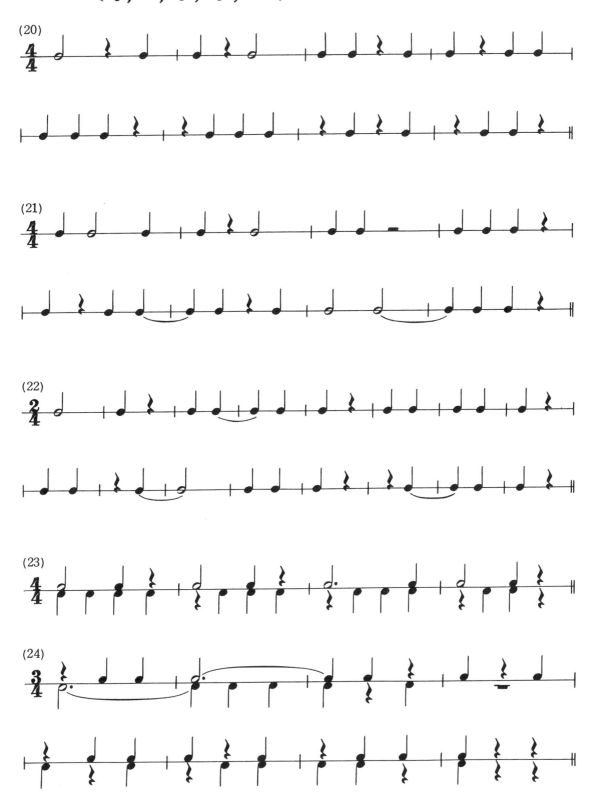

〈応用練習 3〉

● ○の中にすきな音を入れてうたいましょう。またそれを五線譜に書いてみましょう。

　　　　　　　　　　はじめて音符を書く生徒には、♩, 𝄽 を書く練習をさせましょう。

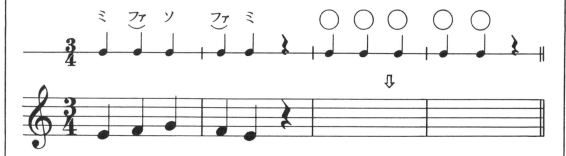

● これまで勉強してきた〔♩, 𝄽, ♩, ―, ♩., ○, ―, タイ〕などをつかって〔 〕にリズムを書いてみましょう。

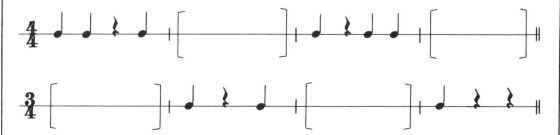

● 自分でリズムを作ってみましょう。（拍子、小節数は自由です。）

　　　　　　　　　　　　　　　　　　　　　　　　　　　　　　　　　

〈予備練習〉

● 次の〔♫〕に入る前に下のリズム群を参考にして先生がうたい（必ず拍を打ちながら）、それを生徒に真似させましょう。

　　　　　　　　但し生徒には楽譜を見せずに聴いて覚えさせ、歌わせるようにして下さい。

〔例〕

イ）♩ ♩ ♫♫　　ロ）♩ ♫ ♩ ♫　　ハ）♫♫ ♩ ♫　　ニ）♫ ♩ ♩ ♫

　　　　　　　　　　　　　　　　　この他にもリズムを作ってみて下さい。

※ 真似をさせる。(模倣)これはソルフェージュの勉強でも大切なことです。できたら毎回のレッスンの中で先生がリズムを作り、うたい（またピアノをひき）生徒に真似させて下さい。楽譜上で理解できないリズムをこのような方法で行うと効果的です。

〈応用練習 4〉

• 下のリズムを先生がうたい（またピアノをひき－3～5回程度）生徒に覚えさせ、うたわせてみましょう。（またピアノをひかせましょう。）但し、生徒には楽譜を見せずに。

―暗譜―

※ 暗記（譜）短い時間に上の課題のようなリズムを覚えることは、集中力―読譜力―音楽の理解力を早める意味でとても大切です。ここに出てくる課題だけではなく、なるべく多くこのような練習を繰返しさせるようにして下さい。

〈応用練習 5〉

- 下の〔 〕にリズムと音を入れて完成させましょう。そしてそれを五線譜に書いてみましょう。

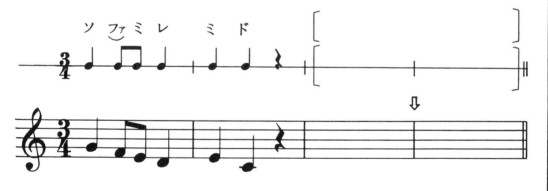

- 自分でリズムを作り、音を入れ五線譜に書いてみましょう。

(40)

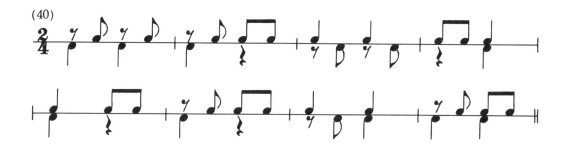

<応用練習　6>

- これまで勉強してきた(♩,♫,ぇ,♪,タイ)などをつかってリズムを作ってみましょう。
（拍子、小節数は自由です。）またすきな音を入れて うたってみましょう。

※音符を書く機会をなるべく多くつくりましょう。

- 下のリズムをなるべく短い時間で見て覚え、うたってみましょう。
また書いてみましょう。

—暗譜—

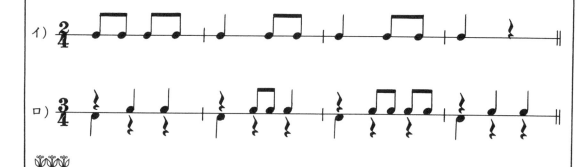

総合練習
B1〜B2 〔 ♫, ʼ, ♪, タイ 〕

14

(46)

〔三声リズム〕

← うたう（音高は自由）
← 右手（または両手で打つ）
← 左手（または足を使って）

〈予備練習〉

・次の〔♩. ♪〕に入る前に下のリズム群を参考にして先生がうたい（必ず拍を打ちながら）、
　それを生徒に真似させましょう。

　　　　　　　　　　但し生徒には楽譜を見せずに聴いて覚えさせ、歌わせるようにして下さい。

　　　　　　　　　　　　　　　　　　　　　　　　　　　　　　　　　　　　　　—模倣—

〔例〕

イ）　ロ）　ハ）　ニ）

　　　　　　　　　　　　　　　　　　　　　　　　この他にもリズムを作ってみて下さい。

B3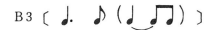

<応用練習 7>

- 次のリズムをなるべく短い時間で覚え、書いてみましょう。

—暗譜—

- 下のリズム群を参考にして、先生がうたい（またピアノをひき）生徒に書かせましょう。
  （3～5回程度）

—書き取り—

〔例〕

<応用練習　8>

- 〔♩,♫,ᵧ,♪,♩.,♪. , タイ)などをつかって〔 〕にリズムと音を入れ、そしてそれを五線譜に書いてみましょう。

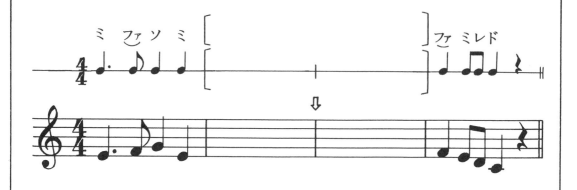

- 上のようにリズムと音を書き、作曲してみましょう。

17

〈予備練習〉

● 次のリズム〔♪♩ ♪♪〕に入る前に、これまでのように先生がうたい、生徒に真似させましょう。

―模倣―

〔例〕

イ）♩ ♩ ♪♩ ♪ ♪　ロ）♪♩ ♪♩ ♫　ハ）♩ ♩ ♪ ♩ ♪　ニ）♩. ♪ ♪ ♪ ♪

その他にもリズムを作ってみて下さい。

B 4 〔♪♩ ♪,（♫ ♫）ᵧ ♩ ♪〕

(55)

(56)

(57)

(58)

(59)

(60)

<応用練習　9>

● 次のリズムをなるべく短い時間で見て覚え、書いてみましょう。

―暗譜―

〔三声リズム〕

うたう →

右手
（または両手で打つ）→
左手
（または足を使って）→

〈応用練習 10〉

● 下のリズム群を参考にして、先生がうたい（またピアノをひき）生徒に書かせましょう。
　（3〜5回程度）

—書き取り—

など……その他にもいろいろなリズムを作ってみて下さい。

はじめは6拍子で練習、次に2拍子でできるように。

<応用練習 11>

- 下のリズムをなるべく短い時間で見て覚え、うたい、そして書いてみましょう。
  またそれにすきな音をつけてうたってみましょう。

―暗譜・即興性―

B6 〔アウフタクト(弱起)〕

<応用練習 13>

● 自分でアウフタクトのリズムを作ってみましょう。

(拍子、小節数は自由です。)

<予備練習>

● 次の3連音符(♩♩♩)に入る前に、先生がうたい生徒に真似させましょう。

―模倣―

〔例〕 イ)　ロ)　ハ)

その他にもリズムを作ってみて下さい。

〔三声リズム〕

〈応用練習 14〉

- 下のリズムをなるべく短い時間内に見て覚え、うたい、そして書いてみましょう。
またそれにすきな音を入れてうたってみましょう。

—暗譜—即興性

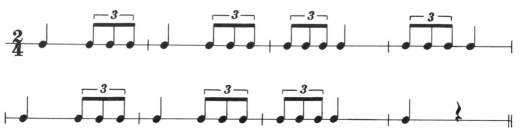

- 〔♫〕のリズムをなるべく多くつかい、リズムを作ってみましょう。
そしてそれにすきな音を入れてうたってみましょう。

—即興性—

総合練習
　　B1〜B7〔♫, ♦, ♪, ♩. ♪, ♪♪ ♪, 6/8, 3/8, ♫ 〕

(81)

(82)

31

〈応用練習 18〉

- 〔 ♫, ♪♫, ♫♪ 〕などをなるべく多くつかってリズムを作ってみましょう。（拍子、小節数は自由です）

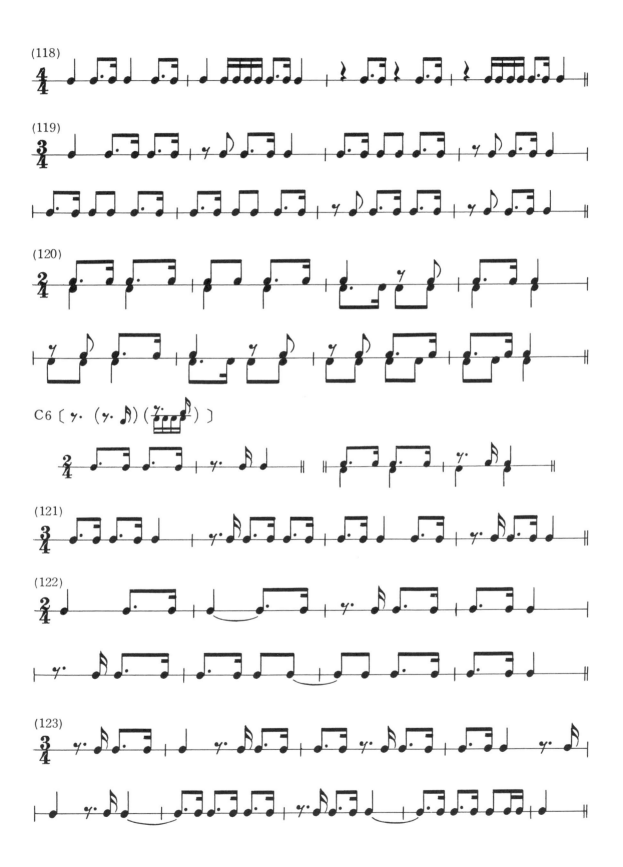

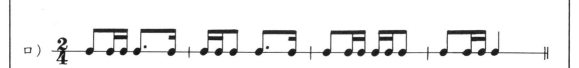

総合練習

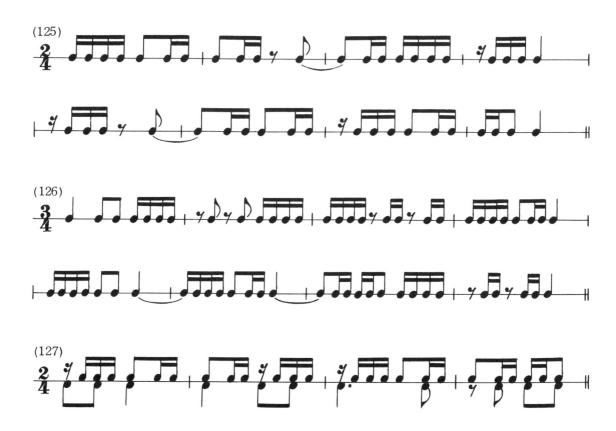

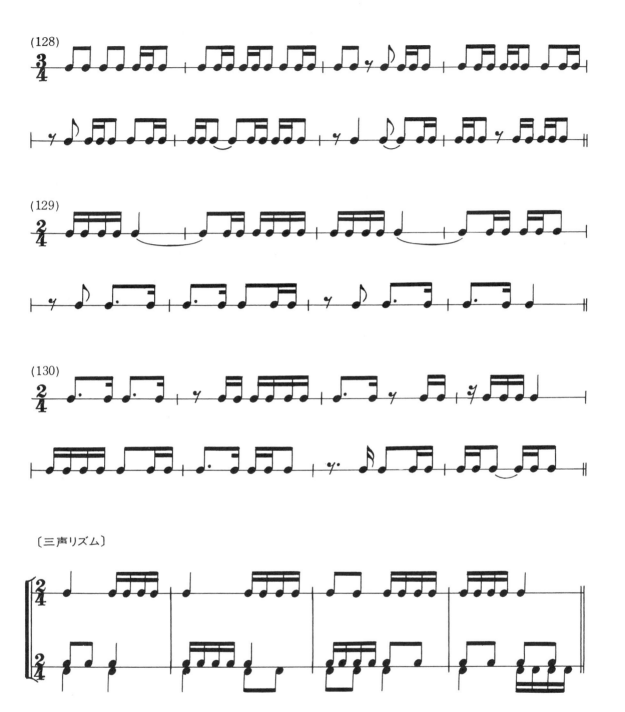

〔三声リズム〕

〈応用練習 20〉

● 下のリズム群を参考にして、先生がうたい（またピアノをひき）生徒に書かせましょう。

―書き取り―

〔例〕

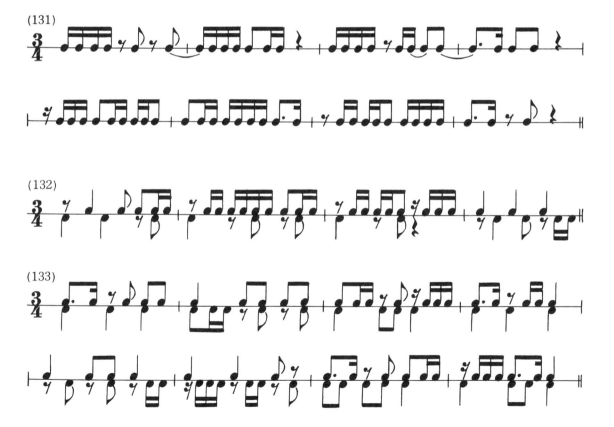

視唱リズム

リズム練習（P3より）と並行して用いて下さい。

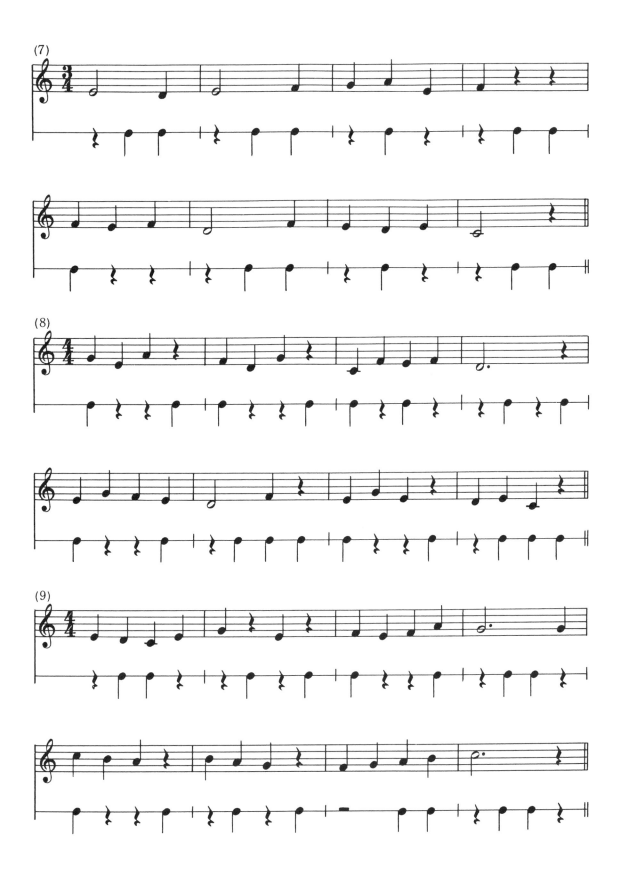

40

総合練習

50

52

53

総合練習

56

58

あとがき

　この「ソルフェージュ1」は、導入編としての基本的なリズムのパターンが主になっています。「ソルフェージュ2」では1の総合練習をはじめさらに新しいリズムが登場します。

　1巻2巻ともさまざまなタイプの応用練習を入れましたが、いずれもリズムの勉強を中心に楽しく、そして有意義に進めていけるように工夫しました。

　これらの応用練習をヒントに、お使いになる皆さんのご工夫によって、さらにこの本が活かされたものとなるよう期待しております。

　この本に対するご意見、ご感想、またご批評など賜りましたならたいへん嬉しく存じます。

鈴木憲夫

改訂版
リズムに強くなる　ソルフェージュ1

1994年7月20日	初版発行
2024年3月31日	改訂第5版発行
著　　　者	鈴木憲夫
発　売　者	井澤彩野
発　売　所	（株）ハンナ
	〒153-0061
	東京都目黒区中目黒3-6-4-2F
	Tel 03-5721-5222 Fax 03-5721-6226
カバー装丁	白鳥阿也夫
印刷・製本	株式会社シナノパブリッシングプレス

Ⓒ Norio Suzuki 1994 Printed in Japan